CW01660813

This Bucket List Journal belongs to

____

If lost, please contact

____

There is a
fountain of youth:
it is your mind,
your talents,
the creativity you bring
to your life
and the lives of
people you love.

- Sophia Loren

Welcome to Retirement!

Brainstorming Prompts

What is your mental picture of an ideal retirement? What is something you have always wanted to try? What experiences or activities in your life do you look back on and wish you could do again?

Bucket List Brainstorming

Use the categories on the following pages to spark ideas for the next chapter in your life. Think about how you can combine categories, for example, training for a walking or running race in order to raise funds for charity.

Allow Yourself to Dream Big

Even if you can't retire to a tropical island, thinking about what draws you to that lifestyle can help you find some more realistic alternatives.

Less is More

Consider your current commitments and responsabilities. What would you like to do more of in retirement? What activities would you like to phase out or do less of?

BUCKET LIST

BRAINSTORM

WHAT IDEAS COME TO MIND WHEN YOU THINK ABOUT YOUR RETIREMENT LIFESTYLE?

FAMILY

LEGACY

SPIRITUAL

SOCIAL CONNECTIONS

OUTDOORS

TRAVEL

CULTURE

LEARNING

CREATIVE ENDEAVORS

VOLUNTEERING

WHAT PUTS A SMILE ON YOUR FACE?

WHAT ARE YOU MOST EXCITED ABOUT?

SKILLS TO DEVELOP

NEW SKILLS

ONCE IN A LIFETIME EXPERIENCES

SOLO ADVENTURES

LONGEVITY PLAN

SEASONAL BUCKET LIST ITEMS

Bucket List Item ....

I want to do this because...

....
....
....
....
....
....
....

What do I need to do to make this happen?

....
....
....
....
....
....
....

Date completed .... Where ....

Do it again? YES ☐ NO ☐ Only if ....

Memories & Reflections

....
....
....
....
....
....
....
....

Bucket List Item ....

I want to do this because...

....
....
....
....
....
....
....

What do I need to do to make this happen?

....
....
....
....
....
....
....

Date completed ....

Where ....

Do it again? YES ☐ NO ☐

Only if ....

Memories & Reflections

....
....
....
....
....
....
....
....

Bucket List Item ....

I want to do this because...

....
....
....
....
....
....
....

What do I need to do to make this happen?

....
....
....
....
....
....
....

Date completed ....

Where ....

Do it again? YES ☐ NO ☐

Only if ....

Memories & Reflections

....
....
....
....
....
....
....
....

Bucket List Item ....

I want to do this because...

....
....
....
....
....
....
....

What do I need to do to make this happen?

....
....
....
....
....
....
....

Date completed ....

Where ....

Do it again? YES ☐ NO ☐

Only if ....

Memories & Reflections

....
....
....
....
....
....
....
....

Bucket List Item ....

I want to do this because...

....
....
....
....
....
....
....

What do I need to do to make this happen?

....
....
....
....
....
....
....

Date completed ....

Where ....

Do it again? YES ☐ NO ☐

Only if ....

Memories & Reflections

....
....
....
....
....
....
....
....

Bucket List Item ....

I want to do this because...

....
....
....
....
....
....
....

What do I need to do to make this happen?

....
....
....
....
....
....
....

Date completed ....

Where ....

Do it again? YES ☐ NO ☐

Only if ....

Memories & Reflections

....
....
....
....
....
....
....
....

Bucket List Item ....

I want to do this because...

....
....
....
....
....
....
....

What do I need to do to make this happen?

....
....
....
....
....
....
....

Date completed ....

Where ....

Do it again? YES ☐ NO ☐

Only if ....

Memories & Reflections

....
....
....
....
....
....
....
....

Bucket List Item ....

I want to do this because...

....
....
....
....
....
....
....

What do I need to do to make this happen?

....
....
....
....
....
....
....

Date completed ....

Where ....

Do it again? YES ☐ NO ☐

Only if ....

Memories & Reflections

....
....
....
....
....
....
....
....

Bucket List Item ....

I want to do this because...

....
....
....
....
....
....
....

What do I need to do to make this happen?

....
....
....
....
....
....
....

Date completed ....

Where ....

Do it again? YES ☐ NO ☐

Only if ....

Memories & Reflections

....
....
....
....
....
....
....
....

Bucket List Item ....

I want to do this because...

....
....
....
....
....
....
....

What do I need to do to make this happen?

....
....
....
....
....
....
....

Date completed ....

Where ....

Do it again? YES ☐ NO ☐

Only if ....

Memories & Reflections

....
....
....
....
....
....
....
....

Bucket List Item ....

I want to do this because...

....
....
....
....
....
....
....

What do I need to do to make this happen?

....
....
....
....
....
....
....

Date completed .... Where ....

Do it again? YES ☐ NO ☐ Only if ....

Memories & Reflections

....
....
....
....
....
....
....
....

Bucket List Item ....

I want to do this because...

....
....
....
....
....
....
....

What do I need to do to make this happen?

....
....
....
....
....
....
....

Date completed ....

Where ....

Do it again? YES ☐ NO ☐

Only if ....

Memories & Reflections

....
....
....
....
....
....
....
....

Bucket List Item ....

I want to do this because...

....

....

....

....

....

....

....

What do I need to do to make this happen?

....

....

....

....

....

....

....

Date completed ....

Where ....

Do it again? YES ☐ NO ☐

Only if ....

Memories & Reflections

....

....

....

....

....

....

....

....

Bucket List Item ....

I want to do this because...

....
....
....
....
....
....
....

What do I need to do to make this happen?

....
....
....
....
....
....
....

Date completed ....

Where ....

Do it again? YES ☐ NO ☐

Only if ....

Memories & Reflections

....
....
....
....
....
....
....
....

Bucket List Item ....

I want to do this because...

....
....
....
....
....
....
....

What do I need to do to make this happen?

....
....
....
....
....
....
....

Date completed ....

Where ....

Do it again? YES ☐ NO ☐

Only if ....

Memories & Reflections

....
....
....
....
....
....
....
....

Bucket List Item ....

I want to do this because...

....
....
....
....
....
....
....

What do I need to do to make this happen?

....
....
....
....
....
....
....

Date completed ....

Where ....

Do it again? YES ☐ NO ☐

Only if ....

Memories & Reflections

....
....
....
....
....
....
....
....

Bucket List Item ....

I want to do this because...

....
....
....
....
....
....
....

What do I need to do to make this happen?

....
....
....
....
....
....
....

Date completed ....

Where ....

Do it again? YES ☐ NO ☐

Only if ....

Memories & Reflections

....
....
....
....
....
....
....
....

Bucket List Item ....

I want to do this because...

....
....
....
....
....
....
....

What do I need to do to make this happen?

....
....
....
....
....
....
....

Date completed ....

Where ....

Do it again? YES ☐ NO ☐

Only if ....

Memories & Reflections

....
....
....
....
....
....
....
....

Bucket List Item ....

I want to do this because...

....
....
....
....
....
....
....

What do I need to do to make this happen?

....
....
....
....
....
....
....

Date completed ....

Where ....

Do it again? YES ☐ NO ☐

Only if ....

Memories & Reflections

....
....
....
....
....
....
....
....

Bucket List Item ....

I want to do this because...

....

....

....

....

....

....

....

What do I need to do to make this happen?

....

....

....

....

....

....

....

Date completed ....

Where ....

Do it again? YES ☐ NO ☐

Only if ....

Memories & Reflections

....

....

....

....

....

....

....

....

Bucket List Item ....

I want to do this because...

....
....
....
....
....
....
....

What do I need to do to make this happen?

....
....
....
....
....
....
....

Date completed .... Where ....

Do it again? YES ☐ NO ☐ Only if ....

Memories & Reflections

....
....
....
....
....
....
....
....

Bucket List Item ....

I want to do this because...

....
....
....
....
....
....
....

What do I need to do to make this happen?

....
....
....
....
....
....
....

Date completed ....

Where ....

Do it again? YES ☐ NO ☐

Only if ....

Memories & Reflections

....
....
....
....
....
....
....
....

Bucket List Item ....

I want to do this because...

....
....
....
....
....
....
....

What do I need to do to make this happen?

....
....
....
....
....
....
....

Date completed ....

Where ....

Do it again? YES ☐ NO ☐

Only if ....

Memories & Reflections

....
....
....
....
....
....
....
....

Bucket List Item ....

I want to do this because...

....
....
....
....
....
....
....

What do I need to do to make this happen?

....
....
....
....
....
....
....

Date completed ....

Where ....

Do it again? YES ☐ NO ☐

Only if ....

Memories & Reflections

....
....
....
....
....
....
....
....

Bucket List Item ....

I want to do this because...

....
....
....
....
....
....
....

What do I need to do to make this happen?

....
....
....
....
....
....
....

Date completed ....

Where ....

Do it again? YES ☐ NO ☐

Only if ....

Memories & Reflections

....
....
....
....
....
....
....
....

Bucket List Item ....

I want to do this because...

....
....
....
....
....
....
....

What do I need to do to make this happen?

....
....
....
....
....
....
....

Date completed ....

Where ....

Do it again? YES ☐ NO ☐

Only if ....

Memories & Reflections

....
....
....
....
....
....
....
....

Bucket List Item ....

I want to do this because...

....
....
....
....
....
....
....

What do I need to do to make this happen?

....
....
....
....
....
....
....

Date completed ....

Where ....

Do it again? YES ☐ NO ☐

Only if ....

Memories & Reflections

....
....
....
....
....
....
....
....

Bucket List Item ....

I want to do this because...	What do I need to do to make this happen?
....	....
....	....
....	....
....	....
....	....
....	....
....	....

Date completed .... Where ....

Do it again? YES ☐ NO ☐ Only if ....

Memories & Reflections

....

....

....

....

....

....

....

....

Bucket List Item ....

I want to do this because...

....
....
....
....
....
....
....

What do I need to do to make this happen?

....
....
....
....
....
....
....

Date completed ....

Where ....

Do it again? YES ☐ NO ☐

Only if ....

Memories & Reflections

....
....
....
....
....
....
....
....

Bucket List Item ....

I want to do this because...

....
....
....
....
....
....
....

What do I need to do to make this happen?

....
....
....
....
....
....
....

Date completed ....

Where ....

Do it again? YES ☐ NO ☐

Only if ....

Memories & Reflections

....
....
....
....
....
....
....
....

Bucket List Item ....

I want to do this because...

....
....
....
....
....
....
....

What do I need to do to make this happen?

....
....
....
....
....
....
....

Date completed ....

Where ....

Do it again? YES ☐ NO ☐

Only if ....

Memories & Reflections

....
....
....
....
....
....
....
....

Bucket List Item ....

I want to do this because...

....

....

....

....

....

....

....

What do I need to do to make this happen?

....

....

....

....

....

....

....

Date completed ....

Where ....

Do it again? YES ☐ NO ☐

Only if ....

Memories & Reflections

....

....

....

....

....

....

....

....

Bucket List Item ....

I want to do this because...

....
....
....
....
....
....
....

What do I need to do to make this happen?

....
....
....
....
....
....
....

Date completed ....

Where ....

Do it again? YES ☐ NO ☐

Only if ....

Memories & Reflections

....
....
....
....
....
....
....
....

Bucket List Item ....

I want to do this because...

....
....
....
....
....
....
....

What do I need to do to make this happen?

....
....
....
....
....
....
....

Date completed ....

Where ....

Do it again? YES ☐ NO ☐

Only if ....

Memories & Reflections

....
....
....
....
....
....
....
....

Bucket List Item ....

I want to do this because...	What do I need to do to make this happen?
....	....
....	....
....	....
....	....
....	....
....	....
....	....

Date completed .... Where ....

Do it again? YES ☐ NO ☐ Only if ....

Memories & Reflections

....

....

....

....

....

....

....

....

Bucket List Item ....

I want to do this because...

....
....
....
....
....
....
....

What do I need to do to make this happen?

....
....
....
....
....
....
....

Date completed ....

Where ....

Do it again? YES ☐ NO ☐

Only if ....

Memories & Reflections

....
....
....
....
....
....
....
....

Bucket List Item ....

I want to do this because...

....
....
....
....
....
....
....

What do I need to do to make this happen?

....
....
....
....
....
....
....

Date completed .... Where ....

Do it again? YES ☐ NO ☐ Only if ....

Memories & Reflections

....
....
....
....
....
....
....
....

Bucket List Item ....

I want to do this because...

....
....
....
....
....
....
....

What do I need to do to make this happen?

....
....
....
....
....
....
....

Date completed ....

Where ....

Do it again? YES ☐ NO ☐

Only if ....

Memories & Reflections

....
....
....
....
....
....
....
....

Bucket List Item ....

I want to do this because...

....
....
....
....
....
....
....

What do I need to do to make this happen?

....
....
....
....
....
....
....

Date completed ....

Where ....

Do it again? YES ☐ NO ☐

Only if ....

Memories & Reflections

....
....
....
....
....
....
....
....

Bucket List Item ....

I want to do this because...

....
....
....
....
....
....
....

What do I need to do to make this happen?

....
....
....
....
....
....
....

Date completed ....

Where ....

Do it again? YES ☐ NO ☐

Only if ....

Memories & Reflections

....
....
....
....
....
....
....
....

Bucket List Item ....

I want to do this because...

....
....
....
....
....
....
....

What do I need to do to make this happen?

....
....
....
....
....
....
....

Date completed ....

Where ....

Do it again? YES ☐ NO ☐

Only if ....

Memories & Reflections

....
....
....
....
....
....
....
....

Bucket List Item ....

I want to do this because...

....
....
....
....
....
....
....

What do I need to do to make this happen?

....
....
....
....
....
....
....

Date completed ....

Where ....

Do it again? YES ☐ NO ☐

Only if ....

Memories & Reflections

....
....
....
....
....
....
....
....

Bucket List Item ....

I want to do this because...

....
....
....
....
....
....
....

What do I need to do to make this happen?

....
....
....
....
....
....
....

Date completed .... Where ....

Do it again? YES ☐ NO ☐ Only if ....

Memories & Reflections

....
....
....
....
....
....
....
....

Bucket List Item ....

I want to do this because...

....
....
....
....
....
....
....

What do I need to do to make this happen?

....
....
....
....
....
....
....

Date completed .... Where ....

Do it again? YES ☐ NO ☐ Only if ....

Memories & Reflections

....
....
....
....
....
....
....
....

Bucket List Item ....

I want to do this because...

....
....
....
....
....
....
....

What do I need to do to make this happen?

....
....
....
....
....
....
....

Date completed ....

Where ....

Do it again? YES ☐ NO ☐

Only if ....

Memories & Reflections

....
....
....
....
....
....
....
....

Bucket List Item ....

I want to do this because...

....
....
....
....
....
....
....

What do I need to do to make this happen?

....
....
....
....
....
....
....

Date completed ....

Where ....

Do it again? YES ☐ NO ☐

Only if ....

Memories & Reflections

....
....
....
....
....
....
....
....

Bucket List Item ....

I want to do this because...

....
....
....
....
....
....
....

What do I need to do to make this happen?

....
....
....
....
....
....
....

Date completed ....

Where ....

Do it again? YES ☐ NO ☐

Only if ....

Memories & Reflections

....
....
....
....
....
....
....
....

Bucket List Item ....

I want to do this because...

....
....
....
....
....
....
....

What do I need to do to make this happen?

....
....
....
....
....
....
....

Date completed ....

Where ....

Do it again? YES ☐ NO ☐

Only if ....

Memories & Reflections

....
....
....
....
....
....
....
....

Bucket List Item ....

I want to do this because...

....
....
....
....
....
....
....

What do I need to do to make this happen?

....
....
....
....
....
....
....

Date completed ....

Where ....

Do it again? YES ☐ NO ☐

Only if ....

Memories & Reflections

....
....
....
....
....
....
....
....

Bucket List Item ....

I want to do this because...	What do I need to do to make this happen?
....	....
....	....
....	....
....	....
....	....
....	....
....	....

Date completed .... Where ....

Do it again? YES ☐ NO ☐ Only if ....

Memories & Reflections

....

....

....

....

....

....

....

....

Bucket List Item ....

I want to do this because...

....
....
....
....
....
....
....

What do I need to do to make this happen?

....
....
....
....
....
....
....

Date completed ....

Where ....

Do it again? YES ☐ NO ☐

Only if ....

Memories & Reflections

....
....
....
....
....
....
....
....

Bucket List Item ....

I want to do this because...

....
....
....
....
....
....
....

What do I need to do to make this happen?

....
....
....
....
....
....
....

Date completed ....

Where ....

Do it again? YES ☐ NO ☐

Only if ....

Memories & Reflections

....
....
....
....
....
....
....
....

Bucket List Item ....

I want to do this because...

....
....
....
....
....
....
....

What do I need to do to make this happen?

....
....
....
....
....
....
....

Date completed ....

Where ....

Do it again? YES ☐ NO ☐

Only if ....

Memories & Reflections

....
....
....
....
....
....
....
....

Bucket List Item ....

I want to do this because...

....
....
....
....
....
....
....

What do I need to do to make this happen?

....
....
....
....
....
....
....

Date completed ....

Where ....

Do it again? YES ☐ NO ☐

Only if ....

Memories & Reflections

....
....
....
....
....
....
....
....

Bucket List Item ....

I want to do this because...

....
....
....
....
....
....
....

What do I need to do to make this happen?

....
....
....
....
....
....
....

Date completed ....

Where ....

Do it again? YES ☐ NO ☐

Only if ....

Memories & Reflections

....
....
....
....
....
....
....
....

Bucket List Item ....

I want to do this because...

....
....
....
....
....
....
....

What do I need to do to make this happen?

....
....
....
....
....
....
....

Date completed ....

Where ....

Do it again? YES ☐ NO ☐

Only if ....

Memories & Reflections

....
....
....
....
....
....
....
....

Bucket List Item ....

I want to do this because...

....
....
....
....
....
....
....

What do I need to do to make this happen?

....
....
....
....
....
....
....

Date completed ....

Where ....

Do it again? YES ☐ NO ☐

Only if ....

Memories & Reflections

....
....
....
....
....
....
....
....

Bucket List Item ....

I want to do this because...

....
....
....
....
....
....
....

What do I need to do to make this happen?

....
....
....
....
....
....
....

Date completed ....

Where ....

Do it again? YES ☐ NO ☐

Only if ....

Memories & Reflections

....
....
....
....
....
....
....
....

Bucket List Item ....

I want to do this because...

....
....
....
....
....
....
....

What do I need to do to make this happen?

....
....
....
....
....
....
....

Date completed ....

Where ....

Do it again? YES ☐ NO ☐

Only if ....

Memories & Reflections

....
....
....
....
....
....
....
....

Bucket List Item ....

I want to do this because...

....
....
....
....
....
....
....

What do I need to do to make this happen?

....
....
....
....
....
....
....

Date completed ....

Where ....

Do it again? YES ☐ NO ☐

Only if ....

Memories & Reflections

....
....
....
....
....
....
....
....

Bucket List Item ....

I want to do this because...

....
....
....
....
....
....
....

What do I need to do to make this happen?

....
....
....
....
....
....
....

Date completed ....

Where ....

Do it again? YES ☐ NO ☐

Only if ....

Memories & Reflections

....
....
....
....
....
....
....
....

Bucket List Item ....

I want to do this because...

....
....
....
....
....
....
....

What do I need to do to make this happen?

....
....
....
....
....
....
....

Date completed ....

Where ....

Do it again? YES ☐ NO ☐

Only if ....

Memories & Reflections

....
....
....
....
....
....
....
....

Bucket List Item ....

I want to do this because...

....
....
....
....
....
....
....

What do I need to do to make this happen?

....
....
....
....
....
....
....

Date completed ....

Where ....

Do it again? YES ☐ NO ☐

Only if ....

Memories & Reflections

....
....
....
....
....
....
....
....

Bucket List Item ....

I want to do this because...

....
....
....
....
....
....
....

What do I need to do to make this happen?

....
....
....
....
....
....
....

Date completed ....

Where ....

Do it again? YES ☐ NO ☐

Only if ....

Memories & Reflections

....
....
....
....
....
....
....
....

Bucket List Item ....

I want to do this because...

....
....
....
....
....
....
....

What do I need to do to make this happen?

....
....
....
....
....
....
....

Date completed ....

Where ....

Do it again? YES ☐ NO ☐

Only if ....

Memories & Reflections

....
....
....
....
....
....
....
....

Bucket List Item ....

I want to do this because...

....
....
....
....
....
....
....

What do I need to do to make this happen?

....
....
....
....
....
....
....

Date completed ....

Where ....

Do it again? YES ☐ NO ☐

Only if ....

Memories & Reflections

....
....
....
....
....
....
....
....

Bucket List Item ....

I want to do this because...

....
....
....
....
....
....
....

What do I need to do to make this happen?

....
....
....
....
....
....
....

Date completed ....

Where ....

Do it again? YES ☐ NO ☐

Only if ....

Memories & Reflections

....
....
....
....
....
....
....
....

Bucket List Item ....

I want to do this because...

....
....
....
....
....
....
....

What do I need to do to make this happen?

....
....
....
....
....
....
....

Date completed ....

Where ....

Do it again? YES ☐ NO ☐

Only if ....

Memories & Reflections

....
....
....
....
....
....
....
....

Bucket List Item ....

I want to do this because...

....
....
....
....
....
....
....

What do I need to do to make this happen?

....
....
....
....
....
....
....

Date completed ....

Where ....

Do it again? YES ☐ NO ☐

Only if ....

Memories & Reflections

....
....
....
....
....
....
....
....

Bucket List Item ....

I want to do this because...

....
....
....
....
....
....
....

What do I need to do to make this happen?

....
....
....
....
....
....
....

Date completed ....

Where ....

Do it again? YES ☐ NO ☐

Only if ....

Memories & Reflections

....
....
....
....
....
....
....
....

Bucket List Item ....

I want to do this because...

....
....
....
....
....
....
....

What do I need to do to make this happen?

....
....
....
....
....
....
....

Date completed ....

Where ....

Do it again? YES ☐ NO ☐

Only if ....

Memories & Reflections

....
....
....
....
....
....
....
....

Bucket List Item ....

I want to do this because...

....
....
....
....
....
....
....

What do I need to do to make this happen?

....
....
....
....
....
....
....

Date completed ....

Where ....

Do it again? YES ☐ NO ☐

Only if ....

Memories & Reflections

....
....
....
....
....
....
....
....

Bucket List Item ....

I want to do this because...

....
....
....
....
....
....
....

What do I need to do to make this happen?

....
....
....
....
....
....
....

Date completed ....

Where ....

Do it again? YES ☐ NO ☐

Only if ....

Memories & Reflections

....
....
....
....
....
....
....
....

Bucket List Item ....

I want to do this because...

....
....
....
....
....
....
....

What do I need to do to make this happen?

....
....
....
....
....
....
....

Date completed ....

Where ....

Do it again? YES ☐ NO ☐

Only if ....

Memories & Reflections

....
....
....
....
....
....
....
....

Bucket List Item ....

I want to do this because...

....
....
....
....
....
....
....

What do I need to do to make this happen?

....
....
....
....
....
....
....

Date completed ....

Where ....

Do it again? YES ☐ NO ☐

Only if ....

Memories & Reflections

....
....
....
....
....
....
....
....

Bucket List Item ....

I want to do this because...

....
....
....
....
....
....
....

What do I need to do to make this happen?

....
....
....
....
....
....
....

Date completed ....

Where ....

Do it again? YES ☐ NO ☐

Only if ....

Memories & Reflections

....
....
....
....
....
....
....
....

Bucket List Item ....

I want to do this because...

....

....

....

....

....

....

....

What do I need to do to make this happen?

....

....

....

....

....

....

....

Date completed ....

Where ....

Do it again? YES ☐ NO ☐

Only if ....

Memories & Reflections

....

....

....

....

....

....

....

....

Bucket List Item ....

I want to do this because...

....
....
....
....
....
....
....

What do I need to do to make this happen?

....
....
....
....
....
....
....

Date completed ....

Where ....

Do it again? YES ☐ NO ☐

Only if ....

Memories & Reflections

....
....
....
....
....
....
....
....

Bucket List Item ....

I want to do this because...

....
....
....
....
....
....
....

What do I need to do to make this happen?

....
....
....
....
....
....
....

Date completed ....

Where ....

Do it again? YES ☐ NO ☐

Only if ....

Memories & Reflections

....
....
....
....
....
....
....
....

Bucket List Item ....

I want to do this because...

....
....
....
....
....
....
....

What do I need to do to make this happen?

....
....
....
....
....
....
....

Date completed ....

Where ....

Do it again? YES ☐ NO ☐

Only if ....

Memories & Reflections

....
....
....
....
....
....
....
....

Bucket List Item ....

I want to do this because...

....
....
....
....
....
....
....

What do I need to do to make this happen?

....
....
....
....
....
....
....

Date completed ....

Where ....

Do it again? YES ☐ NO ☐

Only if ....

Memories & Reflections

....
....
....
....
....
....
....
....

Bucket List Item ....

I want to do this because...

....
....
....
....
....
....
....

What do I need to do to make this happen?

....
....
....
....
....
....
....

Date completed ....

Where ....

Do it again? YES ☐ NO ☐

Only if ....

Memories & Reflections

....
....
....
....
....
....
....
....

Bucket List Item ....

I want to do this because...

....
....
....
....
....
....
....

What do I need to do to make this happen?

....
....
....
....
....
....
....

Date completed .... Where ....

Do it again? YES ☐ NO ☐ Only if ....

Memories & Reflections

....
....
....
....
....
....
....
....

Bucket List Item ....

I want to do this because...

....
....
....
....
....
....
....

What do I need to do to make this happen?

....
....
....
....
....
....
....

Date completed ....

Where ....

Do it again? YES ☐ NO ☐

Only if ....

Memories & Reflections

....
....
....
....
....
....
....
....

Bucket List Item ....

I want to do this because...

....
....
....
....
....
....
....

What do I need to do to make this happen?

....
....
....
....
....
....
....

Date completed ....

Where ....

Do it again? YES ☐ NO ☐

Only if ....

Memories & Reflections

....
....
....
....
....
....
....
....

Bucket List Item ....

I want to do this because...

....
....
....
....
....
....
....

What do I need to do to make this happen?

....
....
....
....
....
....
....

Date completed ....

Where ....

Do it again? YES ☐ NO ☐

Only if ....

Memories & Reflections

....
....
....
....
....
....
....
....

Bucket List Item ....

I want to do this because...

....
....
....
....
....
....
....

What do I need to do to make this happen?

....
....
....
....
....
....
....

Date completed ....

Where ....

Do it again? YES ☐ NO ☐

Only if ....

Memories & Reflections

....
....
....
....
....
....
....
....

Bucket List Item ....

I want to do this because...

....
....
....
....
....
....
....

What do I need to do to make this happen?

....
....
....
....
....
....
....

Date completed ....

Where ....

Do it again? YES ☐ NO ☐

Only if ....

Memories & Reflections

....
....
....
....
....
....
....
....

Bucket List Item ....

I want to do this because...

....
....
....
....
....
....
....

What do I need to do to make this happen?

....
....
....
....
....
....
....

Date completed ....

Where ....

Do it again? YES ☐ NO ☐

Only if ....

Memories & Reflections

....
....
....
....
....
....
....
....

Bucket List Item ....

I want to do this because...

....
....
....
....
....
....
....

What do I need to do to make this happen?

....
....
....
....
....
....
....

Date completed ....

Where ....

Do it again? YES ☐ NO ☐

Only if ....

Memories & Reflections

....
....
....
....
....
....
....
....

Bucket List Item ....

I want to do this because...

....
....
....
....
....
....
....

What do I need to do to make this happen?

....
....
....
....
....
....
....

Date completed ....

Where ....

Do it again? YES ☐ NO ☐

Only if ....

Memories & Reflections

....
....
....
....
....
....
....
....

Bucket List Item ....

I want to do this because...

....
....
....
....
....
....
....

What do I need to do to make this happen?

....
....
....
....
....
....
....

Date completed ....

Where ....

Do it again? YES ☐ NO ☐

Only if ....

Memories & Reflections

....
....
....
....
....
....
....
....

Bucket List Item ....

I want to do this because...

....
....
....
....
....
....
....

What do I need to do to make this happen?

....
....
....
....
....
....
....

Date completed ....

Where ....

Do it again? YES ☐ NO ☐

Only if ....

Memories & Reflections

....
....
....
....
....
....
....
....

Bucket List Item ....

I want to do this because...	What do I need to do to make this happen?
....	....
....	....
....	....
....	....
....	....
....	....
....	....

Date completed .... Where ....

Do it again? YES ☐ NO ☐ Only if ....

Memories & Reflections

....

....

....

....

....

....

....

....

Bucket List Item ....

I want to do this because...

....
....
....
....
....
....
....

What do I need to do to make this happen?

....
....
....
....
....
....
....

Date completed ....

Do it again? YES ☐ NO ☐

Where ....

Only if ....

Memories & Reflections

....
....
....
....
....
....
....
....

Bucket List Item ....

I want to do this because...

....
....
....
....
....
....
....

What do I need to do to make this happen?

....
....
....
....
....
....
....

Date completed ....

Where ....

Do it again? YES ☐ NO ☐

Only if ....

Memories & Reflections

....
....
....
....
....
....
....
....

Bucket List Item ....

I want to do this because...

....
....
....
....
....
....
....

What do I need to do to make this happen?

....
....
....
....
....
....
....

Date completed ....

Where ....

Do it again? YES ☐ NO ☐

Only if ....

Memories & Reflections

....
....
....
....
....
....
....
....

Bucket List Item ....

I want to do this because...

....
....
....
....
....
....
....

What do I need to do to make this happen?

....
....
....
....
....
....
....

Date completed ....

Where ....

Do it again? YES ☐ NO ☐

Only if ....

Memories & Reflections

....
....
....
....
....
....
....
....

Bucket List Item ....

I want to do this because...

....
....
....
....
....
....
....

What do I need to do to make this happen?

....
....
....
....
....
....
....

Date completed ....

Where ....

Do it again? YES ☐ NO ☐

Only if ....

Memories & Reflections

....
....
....
....
....
....
....
....

Bucket List Item ....

I want to do this because...

....
....
....
....
....
....
....

What do I need to do to make this happen?

....
....
....
....
....
....
....

Date completed ....

Where ....

Do it again? YES ☐ NO ☐

Only if ....

Memories & Reflections

....
....
....
....
....
....
....
....

Bucket List Item ....

I want to do this because...

....
....
....
....
....
....
....

What do I need to do to make this happen?

....
....
....
....
....
....
....

Date completed ....

Where ....

Do it again? YES ☐ NO ☐

Only if ....

Memories & Reflections

....
....
....
....
....
....
....
....

Bucket List Item ....

I want to do this because...

....
....
....
....
....
....
....

What do I need to do to make this happen?

....
....
....
....
....
....
....

Date completed ....

Where ....

Do it again? YES ☐ NO ☐

Only if ....

Memories & Reflections

....
....
....
....
....
....
....
....

Bucket List Item ....

I want to do this because...

....
....
....
....
....
....
....

What do I need to do to make this happen?

....
....
....
....
....
....
....

Date completed ....

Where ....

Do it again? YES ☐ NO ☐

Only if ....

Memories & Reflections

....
....
....
....
....
....
....
....

Bucket List Item ....

I want to do this because...

....
....
....
....
....
....
....

What do I need to do to make this happen?

....
....
....
....
....
....
....

Date completed ....

Where ....

Do it again? YES ☐ NO ☐

Only if ....

Memories & Reflections

....
....
....
....
....
....
....
....

Bucket List Item ....

I want to do this because...

....
....
....
....
....
....
....

What do I need to do to make this happen?

....
....
....
....
....
....
....

Date completed ....

Where ....

Do it again? YES ☐ NO ☐

Only if ....

Memories & Reflections

....
....
....
....
....
....
....
....

Printed in Great Britain
by Amazon

55027934R00062